NIVEAU 2

Les girafes

Laura Marsh
Texte français de Marie-Josée Brière

SCHOLASTIC

À Eileen, bibliothécaire pour enfants à la bibliothèque Scarsdale —L. F. M.

L'éditeur et l'auteure tiennent à remercier Katie Ahl, du Woodland Park Zoo, et Mariam Jean Dreher, professeure en pédagogie de la lecture à l'Université du Maryland (College Park), pour leur relecture de cet ouvrage.

Catalogage avant publication de Bibliothèque et Archives Canada

Marsh, Laura F.
[Giraffes. Français]
Les girafes / Laura Marsh ; texte français de Marie-Josée Brière.

(National Geographic kids)
Traduction de: Giraffes.
ISBN 978-1-4431-6832-8 (couverture souple)

1. Girafes--Ouvrages pour la jeunesse. I. Titre. II. Titre: Giraffes.
Français. III. Collection: National Geographic kids

QL737.U56M3714 2018   j599.638   C2017-906642-0

Édition publiée par les Éditions Scholastic, 604, rue King Ouest, Toronto (Ontario) M5V 1E1 avec la permission de National Geographic Partners, LLC.

5 4 3 2 1   Imprimé au Canada 119   18 19 20 21 22

Direction artistique : Amanda Larsen
Conception graphique : YAY! Design

Références photographiques :

Page couverture, Richard Du Toit/Minden Pictures; 1, Michael Poliza/National Geographic Creative; 3, RJO8/Shutterstock; 4-5, Sherrod Photography/Shutterstock; 6 (à gauche), drpnncpptak/Shutterstock; 6 (à droite), Global Stock/Getty Images; 7, Photoshot License Ltd/Alamy; 8 (en haut), Frans Lanting/Science Source; 8 (au centre), Anup Shah/Nature Picture Library; 8 (en bas), David Hosking/Minden Pictures; 9, Steven Ruiter/Minden Pictures; 10-11, John Warburton-Lee Photography/Alamy; 12-13, Wayne Hughes/Alamy; 13 (en haut, à droite), feelphoto/Shutterstock; 14, georgesanker.com/Alamy; 15, Richard Du Toit/Minden Pictures; 16-17, Panoramic Images/Getty Images; 18 (en haut), Martin Harvey/Kimball Stock; 18 (au centre), Mitsuaki Iwago/Minden Pictures; 18 (en bas), meunierd/Shutterstock; 19 (en haut), joSon/Getty Images; 19 (au centre), Daniel J. Cox/Kimball Stock; 19 (en bas), Terry Andrewartha/Minden Pictures; 20, Stephan Bonneau/Minden Pictures; 21, Barcroft Media/Getty Images; 22-23, Stacey Ann Alberts/Shutterstock; 24 (en haut), Horst Klemm/Great Stock/Corbis; 24 (en bas), Jim Brandenburg/Minden Pictures; 26, Stephen Belcher/Corbis; 27, Lou Coetzer/Nature Picture Library; 28, All Canada Photos/Alamy; 29, Mitsuyoshi Tatematsu/Minden pictures; 30 (en bas, à gauche), Pictures Wild/Shutterstock; 30 (en bas, à droite), moizhusein/Shutterstock; 31 (en haut, à gauche), Hanne & Jens Eriksen/Nature Picture Library; 31 (en haut, à droite), PhotoDisc; 31 (en bas, à gauche) Jak Wonderly/National Geographic; 31 (en bas, à droite), schankz/Shutterstock; 32 (en haut, à gauche), Denis-Huot/Nature Picture Library; 32 (en haut, à droite), Photodisc; 32 (en bas, à gauche), John Warburton-lee Photography/Alamy; 32 (en bas, à droite), Jim Brandenburg/Minden Pictures; bordure du haut, Photomario/Shutterstock; Illustration des encadrés « À savoir », Danilo Sanino/Shutterstock.

Table des matières

Qui suis-je?

Comment
appelle-t-on l'animal
tellement grand
qu'il peut atteindre
la cime des arbres
sans aucune aide?

C'est un très bon
indice.
Peux-tu deviner
quel est cet animal?

Une girafe!

Un long corps

Q Comment fais-tu tenir une girafe dans une voiture sport?

R Tu ouvres le toit!

Savais-tu que les girafes sont les plus grands animaux vivant sur la terre ferme?

Leurs pattes sont aussi longues qu'une personne adulte et leur cou est de la même longueur. Si tu ajoutes le reste de leur corps, cela signifie que les girafes peuvent mesurer de quatre à six mètres de haut!

Les girafes sont beaucoup plus grandes que les autres animaux.

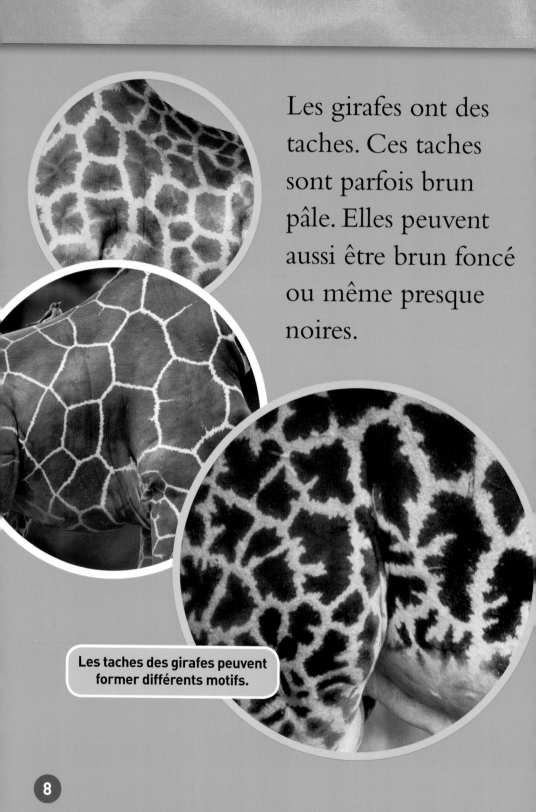

Les girafes ont des taches. Ces taches sont parfois brun pâle. Elles peuvent aussi être brun foncé ou même presque noires.

Les taches des girafes peuvent former différents motifs.

Chaque girafe a des taches au motif unique, ce qui la différencie de toutes les autres girafes. C'est ainsi qu'on peut la reconnaître.

À savoir

MOTIF : Dessin formé par un ensemble de taches.

Les girafes chez elles

Un troupeau de girafes marche dans la savane africaine.

Les girafes vivent en Afrique, dans la savane. C'est un endroit chaud et sec.

À savoir

SAVANE : Grande étendue de terre plate, avec très peu d'arbres.

Les girafes demeurent en groupes appelés « troupeaux ». Chaque troupeau compte généralement de six à douze girafes.

L'heure du repas

Pour les girafes, c'est toujours l'heure du repas!

Elles se nourrissent chaque jour pendant 16 à 20 heures. Elles mangent donc énormément de feuilles.

Ces girafes se sont arrêtées pour manger des feuilles d'acacia.

La plupart de ces feuilles viennent d'arbres appelés « acacias ».

Les girafes peuvent attraper des feuilles que les autres animaux ne sont pas capables d'atteindre.

La forme de leur corps aide les girafes
à trouver de la nourriture. Grâce
à leur long cou, elles vont chercher
des feuilles tout au haut des arbres.

Elles attrapent les feuilles avec leur
longue langue et leurs lèvres épaisses.
Ces parties de leur corps fonctionnent
ensemble pour éviter les épines des
acacias.

Le grand corps des girafes peut aussi
être un inconvénient. Par exemple, elles
doivent se pencher pour boire de l'eau.

Mais les feuilles d'acacia qu'elles
mangent contiennent beaucoup
d'eau. Les girafes peuvent
donc passer plusieurs jours
sans boire.

17

6 détails amusants sur les girafes

1 La langue des girafes est d'un bleu presque noir à l'avant, et rose à l'arrière. Cette couleur foncée la protège des coups de soleil!

Les bébés girafes sont déjà capables de courir quelques heures après leur naissance.

2

3

Les bébés girafes s'appellent les « girafeaux ».

4

Les grosses girafes mâles peuvent peser plus de 1 350 kilos.

Si une girafe mange une épine, pas de panique! Les girafes ont une salive épaisse qui enrobe les épines qu'elles ont dans la bouche.

5

6

Les girafes ont deux cornes sur la tête. Les mâles s'en servent pour se battre entre eux.

De gros bébés

À la naissance, un girafeau pèse autant qu'une femme adulte.

Certains grands animaux ont de petits bébés, mais pas les girafes. Elles ont de gros bébés.

À la naissance, les girafeaux pèsent entre 45 et 70 kilos.

Les jeunes girafes restent ensemble durant la journée.

Une des mères garde tous les petits du troupeau pendant que les autres adultes partent chercher de la nourriture. Cela permet de garder les girafeaux en sécurité.

Attention!

Crocodile du Nil

À savoir

PRÉDATEUR : Animal qui chasse d'autres animaux pour les manger.

Les girafes adultes veillent les unes sur les autres. Elles guettent les prédateurs tels que les lions et les crocodiles.

Lorsqu'une girafe repère un prédateur, elle grogne. C'est pour dire aux autres « sauvez-vous! ».

Les girafes peuvent courir très vite durant une courte période pour prendre la fuite.

Q Qu'est-ce que les girafes ont et que les autres animaux n'ont pas?

R Des bébés girafes!

Les girafes ont des sabots durs qui les aident à repousser les lions.

Elles se servent de leurs sabots pour donner des coups de pied aux prédateurs.

À savoir

SABOT : Partie dure qui couvre les pieds de certains animaux.

L'heure de la sieste

Les girafes passent des heures à manger et à surveiller les alentours. Elles n'ont donc pas beaucoup de temps pour dormir. Heureusement, il ne leur faut pas plus de trois heures de sommeil par jour.

Les girafes font généralement la sieste debout, mais pas toujours!

Qu'est-ce que c'est?

Ces images sont des gros plans d'éléments qui se rapportent aux girafes. Sers-toi des indices placés sous chaque image pour deviner de quoi il s'agit. Tu trouveras les réponses à la page 31.

1

INDICE : Ils peuvent servir à donner des coups de pied.

2

INDICE : C'est ici que vivent les girafes.

Banque de mots

taches   langue   feuilles   cornes   sabots   savane

3

INDICE : Les girafes en mangent beaucoup.

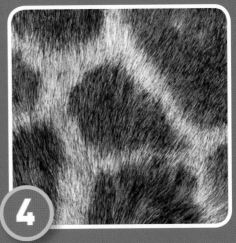

4

INDICE : Elles forment un motif.

5

INDICE : Celle des girafes est longue et foncée.

6

INDICE : Il y en a deux sur la tête des girafes.

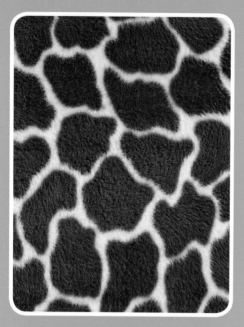

MOTIF : Dessin formé par un ensemble de taches.

PRÉDATEUR : Animal qui chasse d'autres animaux pour les manger.

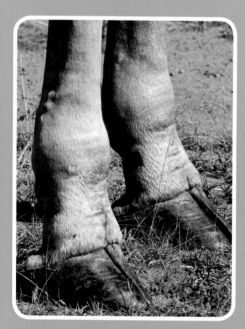

SABOT : Partie dure qui couvre les pieds de certains animaux.

SAVANE : Grande étendue de terre plate, avec très peu d'arbres.